DROIT DES AFFAIRES

CREDIT-BAIL : MOYEN DE FINANCEMENT DES ENTREPRISES

TABLE DES MATIERES

GLOSSAIRE

CREDIT-BAIL : contrat de louage assorti d'une promesse de vente au profit du locataire.

CREDIT BAILLEUR : établissement financier qui achète puis loue un bien dans le cadre du crédit-bail.

CREDIT PRENEUR : entreprise utilisatrice du bien loué.

CREDIT-BAIL IMMOBILIER : crédit-bail portant sur des biens immobiliers à usage professionnel.

CREDIT-BAIL MOBILIER : crédit-bail qui porte sur des biens d'équipement ou du matériel d'outillage.

DUREE DE CREDIT-BAIL : période pendant laquelle les loyers seront versés.

LEASING : cf. crédit-bail.

LOYER : montant versé par l'utilisateur du bien loué, à échéances fixées, souvent fixé en pourcentage du prix.

VALEUR RESIDUELLE : montant prévu dans le contrat de crédit-bail correspondant à l'option d'achat.

INTRODUCTION

L'acquisition des biens destinés à être placés en immobilisation est pour l'entreprise un processus essentiel si elle veut pouvoir se développer, produire mieux et plus rapidement, et s'introduire sur de nouveaux marchés. Aussi, le prix de ces investissements qui sont en général lourds pour l'entreprise, pose le problème essentiel du choix du mode de financement. Le coût du financement doit être calculé et analysé par la suite avant de s'investir. Par ailleurs, l'acquisition de l'immobilisation pour le fonctionnement se heurte à des problèmes juridico-financiers.

Pour parer à ce problème opérationnel, des institutions financières offrent une solution qu'est le crédit-bail. Celui-ci est une pratique contractuelle par laquelle une entreprise, dite le crédit bailleur acquiert, par la demande d'un client le crédit preneur, la propriété des biens d'équipement mobiliers ou immobiliers à usage professionnel en vue de les donner en location à ce dernier pour une durée déterminée. Et en contrepartie des redevances ou de loyer au lieu de prêter les fonds nécessaires à l'acquisition de ce bien. Le client qui aura une triple option à l'issu de la période de la location. Dorénavant, les exploitants ne sont pas obligés de disposer leur propre fonds de roulement pour pouvoir agrandir leur parc. La technique permet également de limiter l'autofinancement direct en tant que facteur d'endettement de l'entreprise.

L'idée de « location à bail » existait chez les Sumériens, en Basse Mésopotamie, il y a 7000 ans. Il y a 4000 ans, le code de Hammourabi en fixe de manière assez précise les règles principales. Ce mode de financement était couramment pratiqué par les banques dans la région de Bagdad.

Durant les années 50, les techniques modernes du Leasing, comme on les connaît aujourd'hui, ont fait leur apparition aux Etats-Unis d'Amérique (USA) sur l'initiative de Booth Junior, Directeur d'une PME, entreprise californienne de conditionnement des produits alimentaires. Il ne pouvait acquérir de nouvelles machines par les moyens de financement classiques en vue d'exécuter un marché important avec l'armée (à l'occasion de la guerre de la Corée). Cette situation l'incita à créer avec l'assistance de trois amis l' « U.S. leasing ».

Le nouveau phénomène ne franchit le vieux continent qu'après une dizaine d'années de son apparition aux Etats-Unis. C'est le Royaume-Uni qui fut le premier pays européen à pratiquer le crédit-bail en 1961, vient ensuite la Suède, l'Allemagne fédérale, la France et la Suisse en 1962. En 1963, c'est le tour du Japon, de la Belgique, de la Finlande, de l'Italie et de l'Espagne pour connaître cette technique. Il apparaît aujourd'hui comme le plus vivant des instruments financiers à moyen terme.

Le crédit est comme l'indique l'étymologie même du terme une expression de confiance. Le terme crédit vient du verbe latin « credere » qui veut dire faire confiance. Celle-ci est en effet l'élément déterminant de toutes les manifestations de crédit qui naissent à l'occasion de nombreux actes de la vie courante. En effet comme tout crédit, le crédit-bail repose sur la confiance qu'inspirent aux banques ou institutions financières les entreprises qui en bénéficient.

L'opération de crédit-bail est réalisée par des établissements de crédit spécialisés, et pratiquée couramment par les entreprises. En effet, c'est une technique contractuelle qui permet à une entreprise d'obtenir la jouissance immédiate d'un bien mobilier ou immobilier, sans avoir à en payer immédiatement le prix. Il se présente alors comme un mode de financement d'achats relatifs aux biens d'équipement, aux biens de consommation durable effectués par des sociétés financières spécialisées acquérant la propriété de ces biens pour le compte d'un tiers et en lui confiant en location pour une durée contractuelle plus ou moins longue. Au terme de la période locative, le preneur a en principe la faculté d'acquérir la propriété du bien pour un moindre coût, déterminé dès la conclusion du contrat.

Le crédit-bail a connu une progression considérable tant en raison des avantages et garanties qu'il confère à l'établissement financier, que pour des raisons fiscales. Il fut à l'origine laissé à la liberté contractuelle des parties en tant qu'une pratique sans cadre juridique précis.

L'objectif du présent mémoire est d'exposer et analyser le mécanisme, d'apporter des solutions et des propositions appropriées aux problématiques d'ordre juridique c'est-à-dire la mise en œuvre de la loi 2004-052, ainsi que d'ordre technique et pratique de cette opération.

Une société commerciale ne peut pas en principe accomplir des opérations de créditbail de façon habituelle. Cette activité à titre habituel est réservée aux sociétés titulaires d'un agrément. Certaines banques ont déjà recours à cette pratique. Néanmoins, le contrat de crédit-bail conclu occasionnellement par une personne autre qu'un établissement financier est licite. En outre, on note également la présence des institutions financières mutualistes telles le CECAM6.

Quand le crédit-bail s'adresse aux particuliers, on parle plutôt de la location avec option d'achat (LOA). Elle est très utilisée pour les voitures. Cette opération ne doit pas être confondue avec la location simple dans laquelle le locataire peut interrompre moyennant un simple préavis.

Elle peut également être assimilée avec la location-vente car son intérêt réside dans la faculté du locataire à lever l'option ou à ne pas le faire, donc se rendre propriétaire du bien. Il peut choisir soit de restituer le bien à la société bailleresse, soit reconduire la location pour une nouvelle durée. Le plus courant est le crédit-bail mobilier mais le crédit-bail immobilier est aussi praticable.

Au travers ce mémoire, nous montrerons que le crédit-bail est à la fois un outil juridique et un outil de financement des Entreprises. Il n'est d'ailleurs pas sans intérêt d'observer que ce type de crédit, en se révélant un instrument pratique de financement des immobilisations et de production a permis aux Entreprises de créer leur propre parc de machines.

Dans un premier temps, il sera donc question de parler des aspects techniques du crédit-bail ainsi que son incidence sur l'Entreprise. Puis, dans un second temps nous nous consacrerons aux aspects pratiques.

ASPECTS TECHNIQUES DU CRÉDIT-BAIL

Le crédit-bail est un outil opérationnel dans tous les secteurs d'activités économiques particulièrement adapté aux besoins des PME (Petites et Moyennes Entreprises). Indispensable aux entreprises, il est devenu un moteur de l'économie. Il est à peu prés sans exemple qu'une entreprise se contente de ses ressources propres et ne fasse appel au crédit sous aucune des innombrables formes qu'il peut revêtir. Mais cela semble être une opération trop complexe, et beaucoup d'exploitant peut être conduit, pour compléter ses immobilisations, à contracter avec les banques ou institutions financières du crédit pour compléter son fonds de roulement. Le crédit-bail apparaît aujourd'hui comme un nouvel instrument juridique de financement des entreprises. A l'exemple des pays développés (France, Allemagne), il permet un véritable essor économique. L'opération est matérialisée par la technique contractuelle dit de leasing. C'est un contrat sui generis car il peut être analysé sur beaucoup d'aspects dont aspect contractuel, aspect financier et sécuritaire, ce sont l'objet de deux chapitres qui vont suivre.

CHAPITRE I : ASPECT CONTRACTUEL DU CRÉDIT-BAIL

Le crédit-bail est un arrangement contractuel de financement d'équipement mis à la disposition de l'entreprise qui ne dispose pas des fonds nécessaires pour l'acquisition d'un bien mobilier ou immobilier indispensable à ses activités professionnelles. L'article premier de la loi 2004-052 définit le crédit-bail comme étant « une opération par laquelle le crédit bailleur achète, à la demande du crédit preneur, auprès d'un fournisseur, un bien, en vue de le donner en location pour une durée déterminée, moyennant le versement par le crédit preneur d'un loyer périodique.

Le crédit bailleur demeure propriétaire du bien pendant la durée du contrat de créditbail, qui inclut une période irrévocable égale ou inférieure à la période de location, pendant laquelle les parties ne peuvent ni résilier, ni réviser les termes du contrat ».

Autrement dit, le crédit-bail permet à un établissement financier d'acheter un bien à un fabricant ou vendeur, au lieu de prêter des fonds nécessaires à l'acquisition de ce bien par un emprunteur, afin de le louer ensuite à ce dernier qui aura une triple option à l'issue de la période de location.

Ce contrat fait intervenir trois parties, c'est donc un contrat triangulaire portant sur l'acquisition et la location d'un bien précis. Il est un peu complexe car il obéit à des conditions rigoureuses. La connaissance des besoins auxquels les parties doivent satisfaire intéresse au premier chef le banquier lui-même, légitimement soucieux de la qualité de ses remplois. Le caractère normal ou anormal d'un crédit bail dépend des motifs qui déterminent le client à le solliciter. Une opération serait saine pour le banquier dans la mesure où elle le serait pour le client lui-même. Mais le fournisseur du bien qui fait l'objet du crédit-bail ne doit non plus être omis. En outre, il est donc possible de distinguer ici deux opérations contractuelles, avec trois acteurs principaux que nous allons voir ci-après.

SECTION I : *Les parties intervenantes*

L'opération de crédit-bail fait intervenir trois parties : le crédit bailleur dit la « société de leasing », le crédit preneur ou le locataire et le fournisseur ou le vendeur.

Paragraphe I : Les sociétés de leasing

Les sociétés de crédit bail peuvent revêtir toutes les formes juridiques. Elles peuvent être commerciales, mutualistes, coopératives et même associatives. Normalement comme à l'étranger, il y a des « sociétés de leasing » proprement-dites, c'est-à-dire des sociétés spécialisées dans le domaine de crédit bail et n'effectuant aucune autre activité que le créditbail.

A- CONDITION D'ELIGIBILITE

Les sociétés de leasing sont soumises à l'agrément de la Commission de Supervision Bancaire et Financière (CSBF) conformément à la loi 95-030 du 22 Février 1996 relative à l'activité et contrôle de l'établissement de crédit. Elles doivent avoir leur siège en France. Si elles exercent plusieurs activités à part le crédit-bail, seule cette dernière est soumise à la loi du 2004. Ce sont surtout les banques qui ont rempli d'office ces conditions d'éligibilité. Elles peuvent donc librement effectuer l'opération de crédit-bail.

B- CONDITION D'ADMISSION

Sur le plan pratique, d'autres institutions de financement commencent à se développer à Madagascar. Elles effectuent des opérations similaires aux techniques de leasing telles CECAM. Ces institutions sont soumises aux règlements des banques et contrôlées par la Commission de Supervision Bancaire et Financière. Elles ne sont non plus des sociétés de crédit-bail proprement dites car elles effectuent également d'autres opérations comme l'épargne et le dépôt. Il faut aussi noter que la société a le droit d'emprunter des fonds auprès de la banque ou institution financière étrangère pour exercer le crédit-bail.

C- DROITS ET OBLIGATIONS DE LA SOCIETE DE LEASING

Les articles 25 et 26 de la loi sur le crédit-bail prévoient les droits et obligations du crédit bailleur, mais les parties peuvent également élaborer d'un commun accord lors de la conclusion du contrat de leasing.

1- Les droits de la société de leasing

Tant que le contrat n'est pas encore échu c'est-à-dire que le locataire loue encore le bien et n'a pas encore fait le choix de garder celui-ci, la propriété appartient encore au bailleur. Le droit le plus important étant le droit de propriété de la société de leasing. Le locataire ne détient que le corpus. Autrement dit, il n'a que la disposition matérielle du bien.

L'article 26 de la loi 2004 prévoit que le droit de propriété reste encore au bailleur pendant la durée du contrat. Le régime de cette propriété descend directement du « Dominium esc jure quiritum » organisé par la loi des XII tables de Rome. Elle confère au propriétaire un droit exclusif, perpétuel souverain avec ses éléments dont « jus utendi, jus abutendi ».

L'article 544 du Code Civil définit le droit de propriété comme le droit de jouissance et de disposer des choses de manière la plus absolu pourvu qu'on en fasse pas un usage prohibé par la loi ou règlement. Ces droits d'usage, de jouissance et de disposer peuvent être donnés ou concédés par son titulaire à un autre qui conserve les caractères réels du droit de propriété. Le droit de disposition juridique de la chose reste alors au propriétaire dans le cadre du crédit-bail, son droit se trouve donc amoindri. La preuve de ce droit de propriété est matérialisée dans un écrit.

Dans l'opération de crédit-bail, l'entreprise bailleur s'expose à de nombreux risques, mais ces derniers se trouvent compensés par cette qualité de propriétaire. Ce droit de propriété doit être transféré avec le bien à la levée de l'option.

De ce droit de propriété de la société de leasing sont nés d'autres droits qui sont les droits de préférence et le droit de suite. Ce dernier signifie que le bailleur peut saisir le bien en quelques mains qu'il soit même entre les mains d'un tiers acquéreur. C'est-à-dire que si l'entreprise utilisateur a aliéné le bien objet du contrat de crédit-bail (meuble ou immeuble) alors qu'il n'est pas encore le propriétaire, la société de leasing peut le réclamer où qu'il se trouve. Ce droit de propriété du bailleur avec ses démembrements sont transférés à l'entreprise preneuse si à la fin du contrat cette dernière décide d'acquérir le bien meuble ou immeuble.

A part ce droit de propriété, le crédit bailleur a le droit d'exercer un contrôle sur l'utilisation du bien donné en crédit-bail et voir si le crédit preneur respecte les termes du contrat. La jouissance est attribuée au preneur moyennant paiement de loyers. Il a donc le droit de réclamer les loyers qui doivent être versés par le crédit preneur à l'échéance déjà prévu dans le contrat même de crédit bail.

Et en cas de défaillance du locataire, il peut procéder à la récupération de sa propriété. C'est également le cas dans le cas où l'utilisation n'est pas conforme aux termes du contrat.

2- Les obligations de la société de leasing

Les obligations du crédit bailleur sont prévues par l'article 26 de la loi de 2004. Après 'achat du bien prévu par la société de leasing, ce dernier est obligée de le livrer en bon état et ceci fait l'objet de la location qu'il soit meuble ou immeuble. Il revient à la suite à l'utilisateur de maintenir ce bien à cet état pendant la durée du contrat. Ultérieurement, nous avons vu que le droit de propriété garanti le bailleur contre tous risques qui peuvent survenir. Ce titre de propriété permet à la société bailleresse de se prémunir contre les risques susceptibles de naître à la suite d'une évolution défavorable de la conjoncture. Par conséquent, si au cas où l'utilisateur se trouve dans des difficultés, le bailleur pourra préserver facilement sa propriété. Le crédit bailleur doit en outre remplir toutes les formalités liées au contrat notamment les formalités de publicité afin d'informer les tiers de son droit de propriété sur le bien donné en crédit bail.

Pour se faire donc, il a l'obligation d'inscrire l'existence du crédit-bail auprès du greffe du tribunal commercial compétent. Cette inscription permet de prouver que le bien n'est pas encore à l'utilisateur et qu'ainsi il ne peut pas faire l'objet d'une aliénation quelconque, ni une garantie d'une dette contactée par l'utilisateur.

Ensuite, il a également l'obligation de garantir le locataire contre les troubles de jouissance susceptibles de naître en promettant en même temps la vente du bien à l'échéance du contrat. Mais il ne faut non plus ignorer que le banquier a également une obligation de confidentialité, c'est-à-dire que l'opération doit se dérouler en toute sérénité et le banquier doit s'engager à éviter la communication des dossiers de ses clients à des tierces personnes non habilitées.

Paragraphe II- Le vendeur ou fournisseur

Le fournisseur ou le vendeur est choisi dans la plupart des cas par le crédit preneur, à laquelle le crédit bailleur achète le bien porté en crédit-bail.

A-QUALITE

D'habitude, il n'y a pas de fournisseur spécifique c'est-à-dire qui soit professionnel dans la pratique du crédit-bail car c'est le crédit preneur qui en fait le choix en se basant sur sa capacité de remboursement. Ce choix est fait selon le prix et la qualité du bien et en tenant compte de la concurrence.
Dans le cas où le contrat ne désigne pas la partie à laquelle le bien doit être livré, le

fournisseur doit le livrer directement au crédit preneur. Mais généralement le bien est livré au crédit bailleur et en présence du crédit preneur.

B-DROITS ET OBLIGATIONS DU VENDEUR

Après paiement du prix du bien par le crédit bailleur au bénéfice du vendeur, il a l'obligation de transférer la propriété à l'occasion de ce contrat de vente. Le vendeur se trouve être libéré de son engagement, son rôle s'éteint après cette livraison.

Le bien doit être accompagné des documents techniques, des notices d'utilisation, des manuels d'installation, de montage et d'utilisation. Il en est ainsi de tout document relatif à la garantie attachée au bien et celui concernant les services après vente. Un P.V. de réception est dressée à cet effet. Le vendeur est décliné de toute difficulté qui peut naître lors de l'exécution du contrat de crédit bail entre le bailleur et le preneur.

Paragraphe III : Le crédit preneur

Le crédit preneur est l'entité à l'origine du contrat, celui qui a chargé la société de crédit bail de l'acquisition du bien nécessaire à ses activités professionnelles. Généralement, c'est une PME (petites et moyennes entreprises) car ce sont surtout ce genre d'entreprise qui a du mal à trouver des financements faute de son capacité d'endettement très limitée. Le crédit-bail est un crédit à court terme, et apparaît être un financement adéquat aux PME.

D'ailleurs les crédits classiques sont surtout réservés aux grandes entreprises qui ont des fonds de roulement très intéressants. Les sociétés y ont recours lorsqu'elles disposent une bonne capacité d'endettement ou encore lorsqu'elles se voient refuser leur dossier par des comités de crédit-bail. Par rapport au crédit-bail, les prêts à long terme couvrent rarement la totalité des investissements et se limitent souvent à 90% de son montant.

Pour les institutions financières, financer un crédit hypothécaire est plus risqué que de financer en crédit-bail où il est propriétaire. Le crédit-bail est devenu un appoint financier essentiel pour beaucoup d'entreprise qui

sollicite en anticipation un autofinancement
futur.

A-LES DROITS DU CREDIT PRENEUR

1- Sur l'objet

Le crédit preneur a le droit d'utiliser le bien
loué comme il l'entend mais en respectant les
termes du contrat. Ce qui semble logique car
c'est l'objet même du crédit-bail. S'il s'agit
d'un bien matériel professionnel tel machines,
voitures… le locataire les utilise afin
d'acquérir des bénéfices et des produits. Le
crédit preneur fructifie donc le bien loué et
c'est grâce à ses fruits qu'il peut payer les
loyers sans toucher à ses réserves.
Le bien crédit-baillé peut également faire
l'objet d'une sous-location, c'est le sous
crédit-bail, matérialisé dans un contrat à part.
Cependant il faut pour se faire, avoir le
consentement exprès du bailleur. La
méconnaissance de celui-ci peut être
sanctionnée par les peines de l'abus de
confiance prévue et punie par le Code pénal.

2- A l' égard du fabricant vendeur

Normalement son titre de locataire ne lui donne de droit qu'à l'égard du propriétaire qui est l'établissement de crédit. Néanmoins, ce dernier lui transfère généralement ses droits à l'égard du vendeur par contrat auquel le vendeur est parti. C'est donc le locataire qui exercera les actions en garanties, ou en résolution pour vices cachés.

3- A l' égard de la banque bailleresse

Les clauses de transfère des actions en garanties ou en résolution au bénéfice du locataire sont généralement accompagnées d'un abandon, par le locataire, de ses recours contre le propriétaire bailleur. Quoi qu'il arrive, l'utilisateur doit donc être indemnisé par le fabricant et n'est jamais délié de ses obligations envers l'établissement financier. Ces stipulations ne sont pas critiquables tant que le fabricant est en mesure d'indemniser effectivement le locataire. Au contraire, s'il ne le fait pas (cesser le paiement) elles sont gravement préjudiciables au locataire. Sans en contester la validité, les tribunaux essaient donc d'en limiter la portée. Par exemple en déclarant sans cause et donc nulles les obligations du locataire qui a perdu la jouissance effective du matérielle loué.

B- OBLIGATIONS DU CREDIT PRENEUR

L'entreprise preneuse s'est engagée par un contrat, ce qui fait qu'il a des obligations à satisfaire envers son cocontractant. Il est stipulé dans le contrat de crédit-bail, qu'il s'agit d'une location, ce qui signifie qu'il doit vis-à-vis du crédit bailleur s'acquitter de loyers selon les délais impartis. Le paiement des loyers est périodique et prend la forme d'une redevance. C'est la première obligation du locataire envers le crédit bailleur.

Ensuite, comme ce n'est qu'un locataire, celui-ci a l'obligation de se comporter en un bon père de famille c'est-à-dire il doit entretenir le bien crédit-baillé. Il est responsable de la maintenance du bien et doit faire en sorte que, compte tenu des usures normales, le bien a été maintenu dans l'état où il a été livré. Il y a le droit de l'utiliser, de percevoir les fruits, cependant il doit veiller au bon entretien des machines, voiture,… ou bien de l'immeuble qui ne lui appartiennent pas encore qu'après avoir fait le choix à l'échéance prévu par le contrat. Les frais d'entretien du bien sont à la charge du locataire.

Les parties peuvent également insérer dans le contrat une obligation pour le crédit preneur de souscrire une assurance contre tous risques, notamment les risques financiers, les risques commerciaux, le mauvais montage ou la mauvaise installation du bien, généralement c'est les cas le plus fréquent. En cas de survenance d'un risque il revient à la compagnie de remettre le bien à son état initial même si le coût de la remise à l'état antérieur excède les coûts consécutifs à l'usure normale.

Si à la fin du contrat l'entreprise n'a pas acheté le bien loué, elle a l'obligation de le restituer. Cette obligation de restitution est prévue par l'article 29 de la loi 2004 et ne concerne pas les fruits et les produits.

Quant au non paiement des loyers, le contrat prévoit généralement la résiliation immédiate du leasing, la restitution du matériel loué, et à titre de clause pénale « le versement d'une indemnité ». Cette dernière est souvent égale au montant des loyers restant à courir.

Lorsque le défaut de paiement intervient en début du contrat, le propriétaire reprend un matériel pratiquement neuf et bénéficie, en sus de tous les loyers qu'il aurait perçus pendant plusieurs années.

C'est à la suite de ces abus dans les clauses pénales en matière de leasing que la loi a permis au juge de modérer les indemnités manifestement excessives ou dérisoires (articles 1152 et 1231 du code civil). Si le locataire est un consommateur, le montant maximal de l'indemnité peut être supérieur à la différence entre d'une part le montant des loyers restant à courir, augmenté de la valeur résiduelle stipulée au contrat et d'autre part, la valeur du bien restitué. Dans la section qui va suivre on va évoquer le régime juridique du crédit-bail.

SECTION II : Régime juridique du crédit-bail

En tant que contrat, l'opération de crédit bail avec ses différentes variantes sont soumis à un régime juridique spécifique. L'adoption de cette loi était motivée par la limitation des secteurs informels.

Le crédit-bail joue le rôle d'un instrument qui permet d'éradiquer petit à petit ses secteurs informels, car il doit obéir à des règles légales, règles de fonds et de forme qu'il convient de préciser dans 2 paragraphes successifs.

Paragraphe I- Les conditions de fonds du contrat de crédit-bail

Concrètement, l'opération se matérialise par un contrat signé par le bailleur et le preneur. Comme tout contrat, il est soumis aux conditions prévues par la loi sur la théorie générale des obligations . Principalement il se définit par trois éléments essentiels.

A- LES ELEMENTS CONSTITUTIFS

1- La durée du contrat

Elle dépend logiquement de la durée de l'amortissement fiscal du bien loué et la durée minimum proposée par le bailleur en fonction des avantages fiscaux spécifiques dont lui-même bénéficie sur le bien dont il est propriétaire.

L'article 40 de la loi 2004-052 énonce qu'elle ne peut être inférieure à un an. Cette période correspond à la période pendant laquelle le bien est à la disposition du preneur tout en restant la propriété du bailleur. Le contrat entre en vigueur dès la signature du contrat sauf disposition contraire. Mais cette durée peut être prorogée d'un commun accord des parties ou encore si le locataire souhaite exercer par anticipation son option d'achat. Cette période peut être égale ou inférieure à la période de la location. Pendant cette période, les parties ne peuvent ni résilier le contrat ni en modifier les termes sauf dans le cas de réalisation de leurs obligations respectives.

2- Les loyers

Ils doivent être déterminés dans le contrat, ce sont des paiements périodiques effectués par le crédit preneur calculés suivant le prix du bien en tenant compte des différentes charges de la livraison, de l'installation, la mise à disposition du bien à l'issue du contrat, les intérêts éventuels relatifs au contrat.

Il peut être linéaire ou bien dégressif, la périodicité peut être mensuelle ou trimestrielle pour les cas les plus courants, mais aussi semestriels ou annuels. Le taux en est fixe ou variable.

3-La valeur résiduelle

La valeur résiduelle est la valeur d'achat du matériel en fin de la location est fixée à l'avance dans le contrat. Elle s'exprime en un pourcentage du coût initial hors taxe du matériel financé. Son montant est faible, il varie généralement entre 1 et 7%. En effet, une opération de crédit-bail a vocation de couvrir la totalité du financement.
Ainsi à l'issue du contrat, les loyers versés doivent avoir couvert en quasi-totalité la valeur de l'investissement et les frais financiers de la société de crédit bail au titre de refinancement et de sa marge. Ainsi que la valeur résiduelle ne peut être que symbolique.

B- DIFFERENTS TYPES DE CONTRAT DE CREDIT BAIL

Il y a des variantes de contrat standard de crédit-bail, la loi dans ses articles 5, 6, 7,8 les prévoit expressément.

1- La cession bail ou lease-back

Selon l'art. 5, c'est un contrat par lequel le fournisseur, propriétaire d'un bien le vend au crédit bailleur qui le lui reloue immédiatement dans le cadre d'un contrat de crédit-bail au terme duquel le fournisseur en sa qualité de crédit preneur, peut en levant option d'achat stipulé à son profit. Cette formule est utilisée lorsque le propriétaire d'un bien veut libérer à d'autres fins les capitaux captifs dans les immobilisations.

En d'autres termes, l'entreprise veut pouvoir disposer de liquidités afin de financer d'autres investissements sans avoir à se priver d'un bien nécessaire à son exploitation. Il se pratique aussi bien pour du matériel que des immeubles, se présente comme une technique dérivée du crédit-bail. Cette opération financière traduit la volonté d'une entreprise de modifier la structure de l'actif de son bilan. L'abandon de la propriété de certaines immobilisations va provoquer un gonflement de la trésorerie.

2- Crédit-bail adossé

Conformément à la loi, le bailleur donne le bien en crédit-bail à un crédit preneur qui à son tour le donne en location à une autre personne. Le crédit bailleur peut exiger du sous-locataire le paiement direct du prix de la location, en cas de défaut du crédit preneur. Ceci est une garantie supplémentaire pour le bailleur. C'est donc un créditbail classique qui s'accompagne de la faculté de sous location de l'équipement crédit-baillé. En application de l'article 1753 du code civil, cette sous-location instaure un lien juridique ente le sous-locataire et le crédit bailleur. Seul le rapport du crédit preneur et crédit bailleur est soumis à la loi du 2004.

3- Crédit-bail secondaire (secondary leasing)

La loi du 2004 parle aussi de crédit-bail secondaire par lequel « le bien mis à la disposition du crédit preneur est transféré à un crédit bailleur, en cas de résiliation anticipée du crédit bail ». Ici le crédit bailleur choisit aussi bien le fournisseur que le bien.

4- Sous crédit-bail ou sub-leasing.

Le bien peut faire l'objet d'une sous-location à un sous crédit preneur mais le consentement du bailleur est expressément requis. Il est soumis aux mêmes conditions que le contrat de crédit-bail principal. Le sous crédit bailleur et le sous crédit preneur ont les mêmes droits et obligations, le contrat principal produit les mêmes effets du sous crédit-bail (résiliation et nullité).

C- NATURE DU BIEN FINANCE

Si l'on se place du point de vue de la nature de bien financé, l'on peut bien distinguer trois types de crédit bail : le crédit bail mobilier, le crédit bail immobilier, le crédit-bail de fonds de commerce .

1- Crédit-bail mobilier

L'entreprise a besoin de meuble comme des machines pour pouvoir fonctionner. Cependant, les prix de ces machines s'avèrent cher pour les PME, et l'équipement de production comme les matériels outillages doivent être modernisés constamment selon la nouvelle technologie. L'informatique et l'électronique sont un réseau essentiel dans la plupart des éléments productifs. Par conséquent, le système de crédit-bail parfaitement adapté à ce type d'investissement a largement participé au développement de cette technologie nouvelle. Ses interventions, de plus en plus nombreuses, se sont petit à petit affinées pour tenir compte de la spécificité croissante de l'équipement dans des domaines d'activités qui se diversifient sans cesse.

La loi dispose que les opérations constitutives de crédit-bail mobilier sont celles concernant les biens d'équipement ou les matériels d'outillage. Le crédit-bail mobilier consiste donc à louer un outil de production par le biais d'un contrat de location assorti d'une promesse de vente. Il est plus souple et permet un investissement sur mesure. C'est la société de crédit-bail qui se charge de l'achat du bien meuble loué.

Cependant, la loi énonce quelques exclusions quant à l'objet du contrat qui s'annonce comme suit : « les actions, les obligations et toute valeur financière, boursière et titre d'Etat ainsi que toute ressource naturelle ou biens considérés comme stratégique, les droits d'auteurs et autres droits moraux sur la propriété intellectuelle et d'autres catégories de bien mobilier et immeuble pour laquelle la loi pose des limitations à la libre circulation ».

2- Crédit-bail immobilier

Selon l'article 2 de la loi 2004, le crédit bail peut porter sur l'achat ou la construction de bien immobilier à usage professionnel. Sa définition correspond à celui du crédit-bail mobilier, seul l'objet de la convention est différente ainsi que sa durée. Il est pratiqué par l'établissement financier et doit faire l'objet d'une publicité sur le registre foncier. Le créditbail a été créé afin de pouvoir financer l'achat ou la construction d'un bâtiment tout particulièrement pour les sociétés. Tout comme le crédit-bail en général, il s'agit de pouvoir contracter un engagement entre une personne civile et une société financière. Cette dernière achète ou fait construire un immeuble à usage professionnel tels que les bureaux ou usine, et en fournit la possession par un bail à son cocontractant.

Pendant la durée du contrat, c'est la société de leasing qui reste propriétaire du bâtiment, l'entreprise qui l'utilise n'étant que locataire des biens qu'elle a fait acheté ou construire. Le crédit bailleur n'est pas responsable des actes commis par le crédit preneur. En effet la société ne joue qu'un rôle de financement. En ce qui concerne la durée du bail, elle est souvent liée à la durée économique du bien immeuble. C'est pour cette raison qu'on voit rarement de contrat de leasing d'une durée inférieure à cinq ans (5ans) à l'étranger.

Après l'autorisation de la construction du bâtiment, le client fait établir le plan de construction et arrête les cahiers de charges.

Il demande alors le concours de l'établissement financier pour la construction. L'établissement financier examine la demande, apprécie notamment le prix et la situation du terrain. S'il accepte le marché, il donne mandat au crédit preneur pour conclure le contrat de construction avec l'architecte, l'entrepreneur et les autres fournisseurs qui interviennent dans la construction du bâtiment.

C'est la société de crédit-bail qui paie les factures aux différents prestataires. Le client procède au versement des loyers convenus contractuellement dès l'achèvement des travaux. Dans ce cas, le terrain appartient au crédit-preneur mais l'immeuble bâti reste au crédit bailleur jusqu'à la levée de l'option. Il faut noter que le crédit-bail immobilier échappe à la réglementation des baux commerciaux.

3- Crédit-bail portant sur les fonds de commerces

L'article 2 prévoit également que le crédit-bail peut porter sur des fonds de commerces et établissements artisanaux ou de l'un de ses éléments incorporels dont notamment le droit de propriété industrielle. Ceci repose sur l'application des dispositions relatives à la location gérance des fonds de commerces, qui ont été adapté afin de tenir compte des particularités de cette opération.
Ainsi, par exemple est-il impossible d'appliquer les règles de la révision des loyers, puisque celui-ci comprend une partie du prix d'achat. Les opérations de « lease-back »sur les fonds de commerces ont été expressément exclues.

Paragraphe II : Les conditions de forme du contrat de crédit-bail

En raison de sa nature, il est évident qu'il est soumis aux mêmes conditions de fonds que les autres contrats (capacité, objet, cause, consentement) prévus par l'article 64 de la L.T.G.O. Quant à la forme, le contrat de crédit-bail avec ses différentes variantes est soumis à un régime juridique spécifique de la publicité. Les formalités de cette publicité sont mises à la charge du crédit bailleur afin de porter l'opération à la connaissance des tiers.

Le crédit-bail joue le rôle d'un instrument qui permet d'éradiquer petit à petit ces secteurs.

Il convient de préciser ces règles dans deux sections successives selon la nature de la publicité.

A-LA PUBLICITE JUDICIAIRE

La publicité est le fait de porter à la connaissance des tiers l'existence du contrat. L'accomplissement des formalités de la publicité incombe au crédit bailleur. Cette inscription s'effectue auprès de la greffe du tribunal. Il permet de prouver que le titre de la propriété appartient au bailleur, et lui donne droit de récupérer le bien loué en cas de défaillance du crédit preneur. Le bien loué ne peut pas être donné à titre de garantie d'une dette contractée par l'utilisateur. Elle diffère selon que le bien soit un bien meuble ou immeuble. Pour un crédit-bail mobilier, c'est-à-dire qui porte sur un meuble elle doit être faite auprès du tribunal de commerce du lieu de la conclusion du contrat, sur un registre dressé spécialement pour cet effet. Ce registre est tenu par le greffier du tribunal de commerce. Il prend charge de toutes les inscriptions modificatives.

Après cette inscription, le crédit-bail est opposable aux parties et aux tiers à compter de la date de cette inscription au registre commercial et des sociétés pendant une durée de 5 ans. Pour l'instant cependant le crédit-bail immobilier n'est pas encore praticable chez nous car il est assujetti à des formalités très complexes. Mais en plus, il permet l'acquisition indirecte des terres par les étrangers donc un moyen de contourner la loi. Au cas où le crédit preneur n'arrive pas à s'acquitter de ses loyers, le crédit bailleur pourra récupérer le bâtiment et non le terrain. Dans se cas, il sera facile pour le bailleur d'acquérir le terrain en indemnisant seulement le crédit preneur.

Cette publicité doit être enregistrée dans le délai de 15 jours après la signature du contrat par le crédit bailleur, avec un exemplaire original du centre fiscal territorialement compétent et tous les renseignements sur le preneur et le bien faisant l'objet du crédit-bail. Le requérant aussi reçoit un exemplaire du formulaire d'inscription avec la mention de la date et du numéro d'ordre. Mais toute modification portant sur la convention doit également faire l'objet d'une inscription sur le registre tenu au greffier.

Cette inscription est radiée à la fin du contrat. Cependant les parties peuvent en prendre l'initiative en cas de résiliation ou résolution et elle se fait par une décision de justice passée en force de chose jugée. Une autre publicité doit être accomplie par le crédit bailleur, c'est la publicité comptable.

B- LA PUBLICITE COMPTABLE

Les opérations de crédit-bail doivent faire l'objet d'une comptabilisation séparée des autres opérations du crédit bailleur et selon le plan comptable 2005. Cette règle est instaurée afin de pouvoir distinguer l'opération de crédit-bail des autres activités de la société de leasing et de mieux les contrôler. Généralement, le crédit bailleur effectue nombreuses opérations, telles le cas des banques.

Ces banques doivent comptabiliser le crédit-bail à part. Ce dernier est considéré comme une immobilisation corporelle avec comme contrepartie en dette financière au passif du bilan.

La comptabilisation se fait à plus faible valeur entre la juste valeur (de marché) et la valeur actualisée des paiements minimaux du contrat. Les amortissements et les intérêts doivent être comptabilisés. A la clôture, il faut constater selon le principe de la séparation des exercices les charges constatées d'avance. En cas d'immeuble il y a une provision qui est constatée pour la part déductible des redevances concernant la part revenant aux terrains de l'immeuble car ils ne sont pas amortissables. A l'option il faut constater l'acquisition du bien et l'extourne (écriture inverse) des provisions constatées.

A la fin de l'exercice, il a lieu de fournir une annexe relative au récapitulatif à ajouter aux comptes annuels comportant :
-Valeur d'origine du bien
-montant des redevances
-amortissement possible et son cumul
-redevance restant à payer

Il faudra donc constater un amortissement à la fin d'année.

C- GARANTIE : APPOSITION D'UNE PLAQUE

L'art. 21 énonce une disposition spécialement exceptionnelle du crédit-bail. Quand le bien n'est pas un bien corporel ou immobilier, le crédit preneur doit apposer sur le bien, dans un délai de 20 jours de l'inscription du contrat, sous peine de l'inopposabilité du contrat à l'égard du tiers, une plaque indiquant que le bien est la propriété du crédit bailleur. Cette plaque garantie donc le crédit bailleur de son droit de propriété en informant les tiers de la situation juridique du bien.

Par conséquent, l'entreprise locataire ne peut donc pas aliéner le bien dont il n'est pas titulaire. Le lieu, la date et le numéro d'inscription doivent également être mis en exergue sur la plaque. Les tiers qui font des obstacles à l'apposition de cette plaque est passible de la peine prévue par l'article 406 du code pénal pour l'abus de confiance.

SECTION III : Spécificités du contrat de crédit-bail

De la définition même de l'opération, on peut percevoir l'originalité du contrat de crédit-bail et l'équilibre sur lequel il repose, empruntant ses caractéristiques à la fois à la location et au financement d'où la qualification maintes fois rappelée par la doctrine de contrat « sui generis ». Cela est confirmé par son rôle à la fois un outil juridique et outil de financement. D'où on a tendance à confondre le crédit-bail avec certains contrats car il emprunte nombreux de ses mécanismes. Ainsi il s'avère primordial de voir dans deux paragraphes distincts ses similarités et les particularités du crédit-bail.

Paragraphe I : Similarités avec les autres contrats

La loi énumère un certains nombre de types de contrat de crédit-bail qu'on a déjà évoqué auparavant, mais l'article 09 de la même loi dispose en outre que compte tenu des caractères spécifiques du crédit-bail, toutes les opérations de location, de vente, de location-vente, de vente avec réserve de propriété, de vente à crédit ou à tempérament sont hors de son application.

A-COMPARAISON AVEC LA LOCATION SIMPLE

1-Critères généraux de distinction

Bien que faisant appel à la technique de la location, le crédit-bail ne peut-être ramené à une variante de la location simple. Il se distingue de la location par le fait qu'il comprend obligatoirement une promesse de vente à des conditions de prix déterminées.
Il s'en différencie surtout par sa nature essentiellement financière qui s'exprime en particulier dans le montant du loyer. En effet,

celui-ci ne constitue pas l'unique contrepartie de la jouissance paisible du loyer et intègre une fraction de l'amortissement du capital investi par le bailleur et la marge de ce dernier. Ainsi, au cas où le prix d'acquisition du bien ne tiendra pas compte, ne serait-ce que partiellement, des sommes versées en guise de loyers, l'opération ne constituerait pas un crédit-bail et du même coup serait écartés les avantages fiscaux y afférents.

A l'inverse, ne sauraient être assimilées à un contrat de crédit-bail et par conséquent, s'analysent en une location assortie d'un engagement unilatéral d'achat, les conventions en vertu desquelles le preneur s'engage à acquérir dès le début de la location, alors que l'acquisition du bien loué demeure subordonné à l'acceptation ultérieur du bailleur.

2-Critères spécifiques de distinction

La comparaison porte sur trois points différents :
a)La livraison

Le bailleur doit livrer ou délivrer la chose en bon état. Au contraire, la société de crédit-bail n'intervient pas dans la livraison.

b)   Garantie du matériel

Le bailleur est tenu d'une garantie pour les vices cachés. A l'inverse, la société de crédit-bail n'entend donner aucune garantie. Aussi transfère-t-elle à son locataire ses recours contre le fournisseur au moyen de diverses clauses insérées dans le contrat.

c)   Risques de la chose louée

C'est le bailleur qui en principe assume ses risques . En conséquence, si la chose périt le locataire est déchargé de l'obligation de payer le loyer.

Le loyer est réduit en cas de dommages partiels. En revanche, les contrats de crédit-bail contiennent des clauses qui visent à mettre ces risques à la charge du preneur et l'obligent à prendre une assurance à ce sujet.

En cas de disparition de l'objet, notamment par suite d'un vol, le locataire doit soit continuer à acquitter le loyer soit payer une indemnité de résiliation auxquelles se substituent à due concurrence les sommes versées le cas échéant à titre d'indemnité d'assurance au bailleur ou même par l'assureur du locataire.

B- LOCATION-VENTE

Une convention reposant non seulement sur une promesse de vente mais aussi sur une obligation d'achat de la part du locataire ne constitue pas une opération de crédit-bail au sens de la loi 2004-052. On parlera alors de la location-vente. L'intérêt de cette dernière réside dans la faculté pour le locataire à levée l'option ou à ne pas le faire, donc se rendre propriétaire du bien. Comme son nom l'indique, la location-vente combine deux techniques contractuelles : la location et la vente.

D'une part, le bailleur s'engage à procurer au preneur la jouissance immédiate du matériel et à lui vendre le bien loué lorsque, au terme du contrat, le preneur a versé un montant égal au prix et aux intérêts. D'autre part, le locataire s'engage à acheter ce bien. La propriété est ainsi transférée au locataire par l'exécution de la promesse synallagmatique de vente insérée dans le contrat.

La principale différence entre le crédit-bail et la location-vente tient à l'existence dans le premier cas d'une promesse unilatérale de vente et non d'une promesse synallagmatique. A l'issu de la location-vente, le locataire ne peut en conséquence se soustraire à son obligation d'acheter. En outre le contrat de location-vente lie deux personnes. Il n'en va pas de même dans le contrat de crédit-bail qui implique l'intervention d'une tierce personne, laquelle acquiert le bien objet du leasing.

C-LOCATION AVEC PROMESSE DE VENTE

Ce contrat concerne essentiellement les rapports avec les consommateurs. On a conservé pour cette opération le terme de leasing. Ce terme est également utilisé pour les opérations de crédit-bail portant sur des actions.

D- VENTE AVEC RESERVE DE PROPRIETE

L'option de l'utilisateur à la fin du contrat ne permet pas de qualifier le contrat de crédit-bail comme une vente avec réserve de propriété car il se peut que le locataire restitue le bien à l'échéance du contrat.

La vente avec réserve de propriété constitue une opération voisine du crédit bail cependant elle ne concerne que deux personnes, le fournisseur et le client. Elle peut être utilisée également par les concessionnaires automobiles. Dans la vente avec réserve de propriété, les parties subordonnent le transfert de propriété au paiement complet du prix.

Tout comme le crédit-bail, la vente avec réserve de propriété a pour objet de conserver en garantie un titre de propriété au cas où l'utilisateur serait confronté à des difficultés financières. En dépit de ce point de convergence, l'assimilation n'est plus guère concevable avec une vente assortie d'une clause de propriété. Cette dernière ne saurait être requalifiée de crédit-bail.

E- VENTE A CREDIT OU A TEMPERAMENT

Du point de vue économique, l'apparente ressemblance entre le crédit-bail et la vente à crédit ou à tempérament est évidente, puisqu'ils participent tous deux d'une opération de crédit. Le risque de confusion tient au fait que, dans les deux situations, des mensualités sont versées à l'échéance régulière.

Mais sur le terrain juridique, la différence fondamentale est aisée à saisir : dans la vente à crédit ou à tempérament, la propriété est immédiatement transférée à l'acquéreur, tandis que le bailleur demeure incontestablement le propriétaire de la chose jusqu'à l'éventuelle levée de l'option. La caractéristique du crédit-bail est de ne pas faire du transfère de propriété qu'un des événements dénouements de l'opération.

F- LOCATION AVEC OPTION D'ACHAT

La location avec option d'achat est la formule de crédit-bail la plus connue du grand public parce qu'elle concerne directement les produits de grande consommation.

On peut depuis quelques temps déjà, acheter une caméra vidéo, un téléviseur, en utilisant cette technique dont l'usage le plus connu concerne le marché automobile. La LOA peut aussi être utilisée par les particuliers que les entreprises. Elle a les mêmes mécanismes que le crédit bail seulement ici le crédit bailleur peut en même temps être l'équipementier et ce qui n'est pas le cas dans le cadre du crédit-bail.

Paragraphe II- Qualification du crédit-bail par la doctrine

Certaines doctrines assimilent le contrat de crédit-bail comme une opération de mandat définie par le code civil . Le bailleur donne mandat au futur locataire de choisir le bien et de discuter les détails techniques de l'acquisition. Celle-ci correspond aux mécanismes du crédit bail dans le cas où le crédit bailleur charge l'entreprise preneuse à acheter le bien qui va être loué par la suite. On peut assimiler l'opération à un mandat dans le sens où il y a une substitution de place. Dans la pratique, elle se déroule comme suit : le banquier, au lieu d'acheter lui-même le bien choisi par l'entreprise preneuse charge cette dernière à négocier et conclure le contrat de vente avec l'équipementier. Le banquier est donc le mandant et l'entreprise le mandataire.

Le mandataire agit au nom et pour le compte du mandant et le contrat produit des effets au mandant, mais le mandataire doit par la suite rembourser périodiquement le mandant sous forme de loyers.

CHAPITRE II : ASPECT SECURITAIRE ET FINANCIER DU CREDIT BAIL

Ces principales composantes juridiques de base du contrat de crédit-bail expliquent en grande partie l'intérêt économique de la formule. En particulier, la garantie qui constitue pour le bailleur la propriété du bien jusqu'à la levée effective de l'option d'achat est surtout tout à fait fondamentale.

Lorsque la situation de l'emprunteur ne lui donne pas des apaisements quant à la bonne fin des crédits sollicités, le crédit bailleur peut être amené à en subordonner l'octroi à la constitution en sa faveur des sûretés accessoires. Ces sûretés expliquent en grande partie l'aspect sécuritaire de la formule (section I). De cette sécurité, on peut déduire que le créditbail est un outil financier très efficace (section II).

SECTION I : *Garantie de financement*

Comme on a parlé précédemment, l'opération de crédit-bail est une opération pratiquement nouvelle et particulière dans toutes ses formes. Ses garanties confirment également ces caractères spécifiques dans le cas où elles ne sont pas considérées comme un élément déterminant de la décision de la société de leasing.

Celle-ci devant trouver sa justification dans le bien fondé et le support du crédit essentiel à la confiance qu'inspire l'entreprise preneur. D'autant plus, les PME n'ont la possibilité de recourir aux prêts bancaires car ceux-ci nécessitent des garanties suffisantes et ils sont surtout réservés aux grandes entreprises. Dans le cas du crédit-bail contrairement, le remboursement est garanti par le droit de propriété qui reste encore au bailleur (Paragraphe I). Cependant des garanties pourraient être demandées après une certaine étude (Paragraphe II) et si la bonne fin de l'opération ne paraît pas assurée par une marge suffisante de sécurité, les garanties pourront être recherchées sur le patrimoine de l'entreprise bailleresse, auprès des exploitants ou encore auprès des tiers.

Paragraphe I : Droit de propriété du bailleur : garantie efficace du remboursement

La particularité du crédit-bail réside surtout dans le mode de garantie offerte au crédit bailleur, l'article 22 de la loi 2004 énonce que la propriété du bien crédit-baillé reste au bailleur tant que le preneur n'a pas fait son option. Le moment du transfert de propriété se déroule alors au moment où le crédit preneur lève l'option d'achat en payant la valeur résiduelle.

Cette réserve de propriété lui permet de ne pas entrer en concours avec les autres créanciers du crédit preneur. Aussi en cas de redressement ou liquidation judiciaire de l'entreprise preneuse, l'administrateur ou le syndic de redressement peut décider de continuer le contrat sans que le crédit bailleur puisse invoquer le non paiement des loyers antérieurs. Toutefois, au cas où le crédit preneur lève l'option à l'échéance, le crédit bailleur peut décider de conserver le titre de propriété tant qu'il n'est pas entièrement payé.

Au cas où il décide de mettre fin au contrat, sans apurement de certains loyers échus, la propriété des biens n'étant pas automatiquement transférée au crédit preneur. Il faut souligner que la récupération du bien ne s'apparente pas à la réalisation d'une sûreté puisqu'elle ne fait pas perdre pour autant au crédit bailleur, la créance des loyers échus et impayés. Ainsi pour récupérer son dû, l'établissement de crédit mettra en œuvre d'autres garanties prises à l'instar du cautionnement constitué ou l'assurance souscrite par le crédit preneur, pour se faire payer.

Paragraphe II : Possibilité d'autres garanties prises par le bailleur

La société bailleresse doit être amenée à faire une analyse de rentabilité et à prévoir une évolution commerciale de l'entreprise preneuse. Cette étude soulève par nature des hypothèses qui sont quelquefois suffisants pour justifier une prise de garantie qui sont destinées à prémunir contre les risques susceptibles de naître à la suite d'une évolution défavorable de la conjoncture économique. Cette sécurité de la société de leasing est un facteur d'amoindrissement du coût de ses services. La plupart des sûretés ne ressortent pas du Droit Bancaire même si elles y trouvent les plus nombreuses applications. Ces garanties apportent un supplément de sécurité dans les engagements auxquels le créancier ne serait resté insensible.

Il peut distinguer les sûretés réelles et les sûretés personnelles. Une sûreté personnelle est constituée par l'engagement d'une ou plusieurs personnes qui promettent de désintéresser le créancier, si à l'échéance, le débiteur principal ne satisfait pas à ses obligations. Une sûreté réelle consiste en l'affectation d'un bien en garantie du paiement d'une dette.

A-Sûretés personnelles (cautionnement)

Il y a constitution de sûreté personnelle lorsqu'une personne prend l'engagement de rembourser la société bailleresse au lieu et place de la société preneuse si celle-ci ne satisfait pas à ses obligations.

Il s'agit du cautionnement, et l'article 2011 du code civil précise que la caution s'engage à payer le créancier au cas où le débiteur n'exécute pas ses obligations. Le banquier muni de cette sûreté peut poursuivre le remboursement de la dette garantie non seulement sur les biens de la société preneuse mais encore sur le patrimoine entier de la caution. Dans le cadre du crédit-bail la caution peut être un exploitant de l'entreprise ou même la société mère. Dans ce second cas, il appartient à la société mère de rembourser la société de leasing en cas de défaillance de la société filiale. Or, il n'est pas toujours facile de connaître avec une exactitude absolue la situation financière de la caution et encore moins d'en surveiller l'évolution pendant la durée du crédit-bail.

Les banques exigent que les cautions données en leur faveur soient solidaires, c'est-à-dire qu'elles comportent la renonciation au bénéfice de discussion ce qui permet, en cas de non paiement, de les poursuivre sans mise en demeure préalable du débiteur principal. Exécuter un cautionnement en saisissant les biens personnels d'un dirigeant est infiniment plus rapide que mettre en vente un immeuble hypothéqué.

La garantie peut généralement être recherchée auprès d'une tierce institution telle que l'assurance, en pratique toute société de leasing exige au crédit preneur de souscrire une assurance tout risque sur le bien crédit-baillé. Cette obligation permet également de protéger la sécurité du crédit bailleur dans le cas où il y aura survenance d'un risque quelconque et lui permet de réclamer la couverture par la société d'assurance. On peut également prendre les garanties sur le patrimoine de l'entreprise preneuse, c'est un cas rare mais praticable malgré sa difficulté.

B-Sûreté réelle

Les garanties peuvent aussi portées sur le patrimoine du crédit preneur, autrement dit, elles peuvent être des biens meubles ou immeubles. C'est surtout le cas quand on a à faire un crédit-bail immobilier. Si c'est un immeuble il s'agit d'une hypothèque mais on parle de gage s'il porte sur un bien meuble. Ainsi on parle de sûretés réelles que nous allons voir ci-après.

1-Hypothèque

L'article 2114 du code civil définit l'hypothèque comme « un droit réel sur les immeubles affectés à l'acquittement d'une obligation ». Un bien hypothéqué est alors un bien affecté à une dette contractée par un tiers et qui serve à garantir son paiement. C'est une sûreté réelle qui repose forcement sur un immeuble par nature .

Elle comporte un droit de préférence puisqu'elle permet à son titulaire d'être payé par priorité, et elle est assortie d'un droit de suite puisqu'elle permet de saisir l'immeuble en quelques mains qu'il soit. L'hypothèque est un droit accessoire en ce qu'elle garantie une créance, suit son sort et ne peut exister sans elle.

Des garanties de cette nature peuvent être demandées à une PME (Petites et Moyennes Entreprises) sous la forme de SARL ou SA (Société Anonyme) sur le patrimoine de la société et non de l'un de ses exploitants.

Un bien hypothéqué (maison, fonds de terres,...) ne peuvent plus faire l'objet d'une cession que sous la seule condition que le débiteur purge sa dette . Donc si la société de leasing a pris un immeuble pour garantir son crédit, cet immeuble ne peut être cédé que si l'entreprise preneuse s'est acquittée de tous les loyers ainsi que la valeur résiduelle. Si à l'échéance, la société preneuse se soumet à son obligation l'hypothèque s'éteint, on doit demander la mainlevée et l'inscription hypothécaire est radiée. Cette hypothèque doit être inscrite sur la registre de la conservation des hypothèques afin qu'elle puisse être opposable aux tiers.

Si au cas où il y a défaillance de l'entreprise preneuse la société de leasing peut procéder par voie de saisie, il fait un commandement au débiteur qui est publié à la conservation des hypothèques et qui vaut saisie à partir de sa publicité.

C'est seulement à partir de la saisie immobilière que sont retirés au débiteur ses pouvoirs sur l'immeuble hypothéqué et devient donc indisponible. L'immeuble est donc affecté au paiement de la société de leasing.

Il faut noter au passage que la réalisation de cette sorte de garantie réelle est très efficace. Cependant elle est non seulement longue mais aussi complexe d'où la réticence de certains crédits bailleurs à y recourir.

2- Le gage

Le gage est un contrat par lequel le débiteur remet à son créancier un bien meuble lui appartenant pour garantir sa dette. Elle confère une grande sécurité pour le créancier cependant elle crée une gêne pour le débiteur qui n'a plus l'utilité de la chose. Le bien gagé doit donc appartenir à l'entreprise qui a sollicité le crédit-bail.

Il doit être un bien meuble (voiture, machines,...) et dans une telle affaire commerciale, la dépossession du débiteur est la règle. Comme l'hypothèque, le gage doit faire l'objet d'une inscription mais elle est enregistrée dans le RCS. Si à l'échéance la société s'acquitte de sa dette, le créancier est tenu de lui rendre son bien gagé et l'inscription est radiée, par contre s'il ne s'exécute pas la société de leasing a le choix : faire vendre la chose et se payer sur le prix ou bien se faire attribuer cette chose. Mais le crédit bailleur doit signifier la société preneuse par une lettre recommandée qu'il aille faire vendre la chose aux enchères et récupère sa créance par la suite.

SECTION II : *Aspect financier du crédit-bail*

Sur le plan économique, le crédit-bail est un financement locatif où l'utilisateur du bien peut obtenir un financement à 100%.

C'est un moyen de financement moderne et efficace des entreprises qui leur permet un approvisionnement professionnel. C'est ce que nous allons essayer de détailler dans deux paragraphes suivants.

Paragraphe I : Crédit-bail : moyen de financement des entreprises

Depuis ces dernières années, de nombreuses possibilités de financement s'offrent aux entrepreneurs, étant donné que les institutions d'investissements privées et publiques s'efforcent de mettre en place des outils et des propositions pour faciliter le financement des entreprises. A part l'autofinancement, grand nombre de mode de financement sont accessibles aux entreprises, il peut s'agir du prêt classique, de la location financière, l'augmentation du capital en numéraire (dangereux si l'apport des investisseurs extérieurs devient plus important).Le crédit-bail est un outil nouveau de financement à moyen terme dans lequel il n'y a aucun autofinancement à faire.

L'autofinancement n'est pas un outil de financement disponible à toutes les entreprises puisqu'il s'agit d'un programme interne qui n'est accessible qu'aux puissantes entreprises, il nécessite non seulement une excellente trésorerie mais aussi une très grande rentabilité, ce qui semble inaccessible pour les PME.

Environ 90% PME sont localisées dans la capitale et ses environs. Le comité d'appui pour la relance de l'entreprise qui a été créé après la crise a engagé des discussions sur le régime douanier et autres textes réglementaires, afin d'attirer l'attention des uns et des autres sur le développement des PME. Le comité a constaté l'inexistence d'un système de financement des PME.

On peut affirmer désormais que le réseau bancaire apporte certains appuis aux entreprises. Le secteur étant entièrement libéralisé, l'État n'intervient pas directement dans la gestion des banques. Cependant, considérant la difficulté d'accès aux crédits bancaires des PME, le gouvernement souhaite la création d'une banque de développement.

Sur le plan économique, on peut définir le crédit-bail comme la possibilité de financer un investissement matériel ou mobilier à usage professionnel, sans engagement financier lourd, en remboursant cette acquisition sous forme de loyers, avec possibilité de rachat du bien, en fin du contrat. Le financement par le crédit-bail n'est accordé qu'aux entreprises formelles, la société de leasing effectue un contrôle sur l'activité financière de l'entreprise avant d'octroyer ce financement. Et même pendant la durée du bail, la société de leasing effectue un suivi sur l'utilisation du bien crédit-baillé. Généralement on ne peut pas financer un projet par le crédit-bail, c'est un financement réservé aux entreprises existant légalement.

Cependant, il y a un autre mode de financement adéquate pour les petites entreprises assuré par les institutions de micro finance mais la différence se situe dans le cas où la société de leasing achète le matériel professionnel qui va par la suite faire l'objet de crédit-bail.

Par contre dans les institutions de micro finance l'opération s'apparente aux prêts, elles accordent les sommes nécessaires à l'exercice de l'activité et il revient par la suite à l'exploitant de réaliser son investissement. Il s'agit ici d'un métier en soi différent de celui des banques classiques qui connaissent mal ce segment en général. La micro finance est un produit adapté pour financer la trésorerie de revenu et de la micro entreprise. Cela couvre une partie des besoins mais une faible partie seulement.

Paragraphe II : Crédit-bail : moyen d'approvisionnement des équipements professionnels

Le sous-équipement est le principal facteur de blocage des entreprises à Madagascar d'où le système de financement adapté qu'est le leasing. Ce dernier est devenu à l'usage un appoint financier essentiel pour beaucoup d'entreprises surtout pour les PME (transporteurs, vente des marchandises, BTP,...). Sollicité en anticipation d'un autofinancement futur, ce crédit est bien adapté aux besoins des entreprises tels qu'ils découlent de l'augmentation régulière ou du renouvellement plus fréquent des moyens de production dont l'amortissement est désormais praticable plus rapidement par voie dégressive.

L'entreprise doit développer, par un équipement supplémentaire. Cependant pour les PME les besoins d'équipement débordent ses moyens de trésorerie et doit donc songé à pratiquer le crédit-bail. Ainsi, le crédit-bail permet l'accroissement et la modernisation des équipements. Le crédit-bail s'applique aux biens d'équipement de toute nature identifiable, y compris les véhicules, les matériels d'impression, de bureau, informatiques, agricole (tracteur), maritime et surtout les matériels roulants (voitures). Pour le matériel à caractère d'obsolescence rapide, il y a intérêt à souscrire un crédit-bail car il y a une possibilité de renouvellement. Cela concerne surtout les matériels médicaux car ils deviennent rapidement obsolètes (notamment dans les cliniques).

L'ouverture du crédit-bail est une solution satisfaisante aux problèmes des entreprises qui se modernisent constamment et renouvellent donc plus fréquemment leur équipement industriel aux fins de s'adapter aux besoins de consommateurs, et de se positionner les secteurs dans lesquels elles opèrent.

Les matériels utilisés dans ce secteur sont trop chers alors que la qualité de la production et du travail dépendent certainement de la qualité des matériels utilisés. Ainsi donc, face à la concurrence, certaines entreprises trouvent leurs avantages au crédit-bail, car elles ne sont pas obligées d'acheter le bien crédit-baillé à la fin du contrat si elles n'en ont plus besoin.

Le crédit bailleur doit alors reprendre le bien, c'est également la raison pour laquelle il fait en sorte que le bien crédit-baillé soit un matériel facile à vendre (matériel de rechapage des pneus des voitures) et non des matériels trop sophistiqués (Caterpillar) qui pourront leur porter des pertes au cas où il n'y a pas d'autres entreprises pour l'acquérir.

D'autres problèmes techniques peuvent également se poser dans le cas d'un matériel importé, l'acheminement et le dédouanement sont trop onéreux d'où l'existence de risque pour le crédit bailleur.

En plus, le coût du change est également un facteur qui empêche les sociétés de leasing à en pratiquer. De ce qui précède, il est constaté que le crédit-bail est encore une formule nouvelle, il mérite alors de parler de son incidence sur les marchés actuel.